LA SITUATION DES PARTIS EN FACE DES ÉLECTIONS

PAR

M. PRAX-PARIS

DÉPUTÉ

CONSEILLER GÉNÉRAL

Lettre à M. Fernand Boudeville, *Rédacteur de l'Électeur de Tarn-et-Garonne*

MONTAUBAN

1870

LA SITUATION DES PARTIS

EN FACE DES ÉLECTIONS

A MONSIEUR LE RÉDACTEUR EN CHEF

DE

L'Electeur de Tarn-et-Garonne.

MONSIEUR LE RÉDACTEUR,

Vous me demandez mon opinion sur la situation générale, sur la politique électorale que vous devez suivre et enfin sur la rédaction de l'*Électeur de Tarn-et-Garonne.* Je vous adresse ma réponse, certain d'avance que vous lui réserverez une bonne hospitalité dans vos colonnes.

Les éléments qui constituent un journal et

font sa valeur sont : en premier lieu son principe politique et le caractère pratique et réalisable de ce principe, car les journaux ne s'adressent pas aux esprits spéculatifs, mais aux intérêts de l'heure présente ; puis le ton ou, si vous l'aimez mieux, l'allure littéraire et de discussion. La doctrine est le fonds ; elle domine et prime la forme. Je lui donne la priorité.

Mais avant d'entrer dans le vif de la question et dans l'examen critique des autres opinions qui se partagent le domaine politique, définissons bien, si vous le voulez, le terrain constitutionnel sur lequel le parti dont vous êtes l'organe est appelé à évoluer ; reconnaissons-le, afin d'en délimiter l'exacte frontière, pour éviter l'écueil de ne pas nous étendre autant qu'elle le permet ou celui, plus redoutable peut-être, de la franchir.

La presse, et surtout la presse orléaniste, a commencé récemment une campagne tendant à faire de la Constitution du 25 février un pacte définitif, indiscutable jusqu'au 20 novembre 1880, date avant laquelle doivent expirer les pouvoirs de la prochaine Assemblée. Cette levée de plumes avait pour but de rendre inaccessible à la discussion et de représenter comme inutile et oiseuse pour tous la *révision* de la Constitution.

Le *Courrier de Tarn-et-Garonne* par la plume pleine de souplesse de son rédacteur en chef a tenté, il y a peu de jours, de reprendre cette thèse et de démontrer que les députés que le pays va nommer n'auront et ne sauraient avoir qu'un mandat législatif et que par voie de suite les élections ne devant avoir aucun caractère politique, les candidats n'ont pas le devoir de faire connaître leur profession de foi et les électeurs le droit de la demander.

Ces tentatives se sont heurtées à l'évidence brutale du texte même de la Constitution du 25 février.

Il est très-vrai qu'au cas prévu par cette Charte de la vacance du pouvoir — éventualité dont notre patriotisme écarte la pensée — et si les choses se passent légalement, les Chambres réunies n'auront pas à réviser notre Statut constitutionnel, mais simplement à nommer un autre Président. Mais en fait cependant, qui oserait espérer que l'ébranlement produit par le vide auquel nous faisons une allusion aussi douloureuse que craintive, n'emporterait pas notre fragile institution et remettant tout en cause, n'imposerait pas la mission aux Chambres, mission de salut public, de résoudre constitutionnellement et définitivement le problème du gouvernement définitif.

Cette hypothèse écartée et sans que le fauteuil présidentiel soit privé de titulaire, le pouvoir révisionnel des Chambres peut être mis en mouvement chaque jour et à toute heure par le Maréchal. C'est une prérogative formelle qu'il tient de l'article VIII de la Constitution ; la nier, c'est nier la Constitution elle-même, c'est nier la vérité écrite.

C'est donc vainement que l'on essaierait de

cacher que la révision peut avoir lieu avant 1880 et au cours du mandat de l'Assemblée. Notre pays doit être prémuni contre cette théorie. Dans sa loyauté, le Vice-Président du Conseil, en constatant que le Maréchal a seul la clef de la porte de la révision, a reconnu qu'il pourrait s'en servir, ouvrir la porte, et pressenti que le pays aura la curiosité légitime de demander aux candidats ce qu'ils feront s'ils sont saisis d'une proposition de révision par le duc de Magenta.

Mais, dit-on, le Maréchal n'a pas l'intention de provoquer la révision. Aujourd'hui lui appartient, mais demain n'est pas à lui, et tel événement intérieur ou extérieur peut conseiller la révision à son initiative.

C'est sur ce terrain que vous vous placez, pour indiquer votre but politique et vos aspirations impérialistes et que vous réclamez l'appel au peuple. Restez-y : vous êtes inexpugnable au point de vue constitutionnel.

Votre doctrine tend à la restauration des

institutions Impériales. Vos déductions dans ce sens peuvent s'adresser à la raison et au patriotisme de tous, aussi bien qu'à la fidélité et aux convictions faites.

En effet : toutes les formes de gouvernement, sauf la diversité de leurs modes organiques, se ramènent à deux principes : la République et la Monarchie. La République est le gouvernement ayant à sa tête un chef élu et temporaire. La Monarchie a un chef élu et héréditaire. L'élection est commune aux deux pouvoirs; c'est l'hérédité qui les distingue et les sépare.

Au point de vue abstrait et de la raison pure, l'on serait tenté de donner la préférence au principe républicain. Il parait plus conforme au droit public moderne, plus compatible avec la souveraineté nationale et semble, par sa mobilité même, se mieux prêter au progrès politique, social et économique d'une société.

Mais les données de la politique spéculative

et théorique qui envisage le vrai absolu sont-elles celle de la politique pratique? Assurément non. Celle-ci doit rester contingente et relative; en matière de gouvernement, elle tient compte de la tradition, du génie du peuple, de son caractère, de son tempérament, de son état social et économique, de sa situation géographique et du rôle que cette situation lui assigne, enfin du milieu ambiant, c'est-à-dire de l'état politique des nations voisines.

Si l'on tient compte de toutes ces circonstances, la République convient-elle à la France? Ma conviction profonde répond non, et l'histoire confirme ma négation.

Il serait trop long de discuter les Républiques diverses dont nous connaissons les programmes, dont la plupart ne comportent même pas la critique. Je supposerai la République idéale et abstraite que j'ai définie, c'est-à-dire un pouvoir *électif* et *temporaire*.

Ce caractère *temporaire*, qui est son essence,

déconseille la République pour notre pays, parce qu'il crée l'instabilité. Or le prince Gortschakoff disait récemment : « *Il n'y a que l'instabilité qui n'ait pas d'alliance.* » Cette parole et cette vérité se recommandent à notre recueillement. De son côté, le grand chancelier de Prusse, qu'on ne soupçonnera par de vouloir aider au relèvement de la France, mandait à son ambassadeur à Paris de soutenir M. Thiers et sa République conservatrice. Il les considérait comme les meilleurs auxiliaires de sa politique ennemie, et un procès récent a montré que M. de Bismarck a disgracié M. d'Arnim pour avoir favorisé l'avènement du gouvernement plus fort et plus réparateur du maréchal de Mac-Mahon. Chaque électeur devrait avoir sous les yeux les pièces diplomatiques révélées à l'opinion par le procès du ministre, contre son ancien représentant en France.

Cette politique dont on connaît la sombre pénétration et la funeste exactitude n'est-elle pas faite pour provoquer les méditations de tous, même celles des républicains qui ont quelque souci de notre existence nationale.

La République nous isole du reste de l'Europe. Pour calmer les alarmes de notre patriotisme, M. Thiers proclamait naguère qu'il n'y a pas contre nous d'alliance. Je reconnais avec lui qu'il n'y a pas d'alliance au sens offensif du mot. Je crois comme lui, qu'un sentiment universel d'humanité, que la civilisation moderne se révolteraient contre une agression sans motif. Mais, il y a contre nous une alliance défensive et passive, qui se traduit par notre exclusion du concert Européen. Toutes les grandes questions internationales sont résolues ou seront résolues sans nous ; étant résolues sans nous, elles le seront contre nous. Provoquer des illusions sur ce point n'est pas patriotique. Il faut que chacun sache ce que peut coûter une forme de gouvernement, contraire à la constitution monarchique de notre continent.

La tradition de la France n'est pas républicaine; elle est monarchique. Son génie est personnel; son histoire se confond avec l'histoire de ses grands hommes; toutes ses évolutions et ses révolutions, elles ne les a pas accomplies par un mouvement spontané et collectif des masses; mais sous la direction et l'impulsion de ses grands rois et de ses capitaines. Son caractère lui fait aimer les hautes personnalités qui puissent incarner sa destinée et la personnifier.

Son caractère mobile, son tempérament, son esprit toujours porté aux excès de l'absolu font du gouvernement républicain une forme pleine pour elle d'écueils et de périls.

L'expérience n'a-t-elle pas vérifié ces assertions d'une façon sanglante? Trois fois la République est née de la violence; trois fois elle a engendré ces filles monstrueuses qui s'appellent : en 1793, la Terreur; en 1848, les journées de juin; en 1871, la Commune.

Je sais bien qu'avec cette faculté d'oubli qui est la qualité d'un de nos défauts nationaux, la légèreté, à peine ces catastrophes sont-elles passées, chacun s'endort dans la confiance de l'impossibilité de leur retour. Imprudents qui ne voient pas que la permanence des causes conduit à la reproduction nécessaire des mêmes effets.

La forme monarchique par l'hérédité nous assure la stabilité, nous fait rentrer dans la sphère d'action des chancelleries étrangères, nous replace dans notre tradition, donne satisfaction à notre génie, et nous garantit des soubresauts, des excès et des emportements de notre mobilité. Tout nous commande donc de lui donner la préférence sur la forme républicaine.

Je ne discuterai pas ici théoriquement les diverses formes de monarchie. Notre droit public et civil aussi bien que notre état social ne comportent que la monarchie. Mais quelle est la dynastie qui peut redevenir l'expression réelle de l'idée et du principe monarchiques ?

La plupart de ceux qui abordent cette question négligent pour la résoudre ce facteur nouveau né de la Révolution de 89 qui s'appelle la souveraineté nationale et qui a atteint sa plénitude d'action, il y a 27 ans, par le suffrage universel. C'est à ce criterium qu'il faut soumettre les possibilités et les chances monarchiques.

Le comte de Chambord est le dernier descendant de nos rois et il en clôt dignement la lignée par la noblesse et la grandeur de son caractère. Peu de princes eussent sacrifié le trône à leur drapeau.

Mais du point de vue où il est placé sa restauration est-elle possible?

Il réclame la couronne au nom de l'hérédité seule. La délégation élective donnée au premier de sa race est son titre. La Révolution de 89, le Premier Empire, la monarchie de Juillet, le second Empire, les deux républiques de 1848 et de 1871, et les manifestations nationales qui ont fondé ces divers ordres politiques, toutes ces solutions de continuité sont nulles et non-avenues. C'est là le principe monarchique dans tout son absolu.

Le comte de Chambord peut-il tenir un autre langage? Peut-il porter un autre drapeau? Pour son honneur il ne peut pas prendre les couleurs de la révolution. Mais de son côté la nation acceptera-t-elle le drapeau d'Arques et d'Ivry qui serait celui d'Henri V?...

Le drapeau tricolore n'est pas pour le peuple un vain symbole. Il est l'enseigne des principes de 89, et à ce titre, il est l'emblême même de la France actuelle.

Indépendamment de la question du drapeau, quel est le moyen pratique, après le double divorce des Bourbons avec la nation en 93 et en 1830, de refaire l'union entre le Roi et le Peuple?

Le comte de Chambord tenant son droit pour antérieur et supérieur à la souveraineté nationale, qui dans sa pensée ne l'a jamais atteint, ne veut tenir le trône ni du vote d'une Assemblée, ni d'un appel direct à la Nation.

N'est-il pas évident qu'il ne lui reste qu'un moyen pratique d'en monter les degrés, et que ce moyen c'est la force ? — Le caractère et les précédents du prince repoussant cette solution, l'on ne peut plus voir en lui qu'un principe abstrait s'affirmant fièrement, mais sans sanction possible.

La restauration des Bourbons me paraissant écartée par le seul obstacle que je viens de signaler, je ne dirai rien des difficultés extérieures et intérieures, et des préjugés qui se dressent devant leur race.

Devons-nous peser les chances monarchiques actuelles du comte de Paris ? Le pouvons-nous sans lui faire injure et sans le soupçonner de félonie et de parjure après la visite de Frohsdorff et la subordination solennelle de ces droits à ceux du chef de la maison royale ! Nous allons pour tout respecter, discuter l'orléanisme, non point comme une cause ayant un prétendant, mais comme une abstraction et une hypothèse ; comme une illusion à laquelle certains esprits paraissent rester attachés.

L'orléanisme n'est pas un principe ; il est la négation même du principe monarchique représenté par le comte de Chambord. Il n'a été qu'une usurpation ; un accident parlementaire, sans autre base qu'une majorité de députés, auxquels leur mandat restreint et législatif ne donnait aucun pouvoir constituant.

Aujourd'hui sur quel droit s'appuierait l'orléanisme ? Sur le droit monarchique pur comme le comte de Chambord ? Qu'il le dise, et alors qu'il arbore le drapeau blanc. Sur la souveraineté nationale ? Le suffrage universel étant donné, il aurait à s'adresser à la nation.

Mais le peuple irait-il à l'orléanisme ? En supposant aux princes de cette branche une popularité qu'ils n'ont pas, le pays les écartera toujours. A leur cause se rattache le souvenir du suffrage censitaire et privilégié, du pays légal, de l'oligarchie bourgeoise, du parlementarisme étroit, agité et infécond de 1830. Le suffrage universel, en faisant de nous une grande et forte démocratie, a rendu ce régime désormais impossible.

Mais quelle est donc la dynastie possible ?

Il en est une seule à nos yeux : c'est la dynastie des Napoléons. Issue des entrailles mêmes du peuple, elle incarne ce peuple ; sortie de la Révolution de 89 qu'elle a contenue, finie, réglée, et dont elle a déposé les grands principes dans nos institutions politiques et civiles, elle apparaît à tous comme la sauvegarde et la garantie la plus sûre de ses conquêtes.

Son droit, elle le puise dans le droit national lui-même ; loin de méconnaître la souveraineté nationale, c'est à elle, c'est au suffrage universel agissant directement qu'elle demande sa restauration. Elle n'attend le pouvoir ni d'une surprise parlementaire, ni d'un accident heureux ou malheureux, ni de la violence ; elle ne veut le tenir que d'un appel au peuple.

L'*Appel au peuple*, grande et noble formule ! Ce large drapeau ne devrait-il pas rallier tous les partis ? Quel est celui qui pourrait ne pas s'incliner devant la volonté de tous? — Hors de cette solution, je ne vois que surprises, coups de force, révolutions, institutions éphémères, des catastrophes succédant aux catastrophes et finalement la ruine de notre chère patrie.

Des objections sont faites à l'Empire par les partis contraires. Il en est une qui est commune aux légitimistes, aux orléanistes et aux républicains. Cette objection n'est qu'un sophisme.

Vous n'êtes pas un principe, dit-on à l'Empire ; vous êtes la révolution et l'instabilité ; la souveraineté nationale ne peut pas s'aliéner en conférant l'hérédité; elle ne peut déléguer que des pouvoirs temporaires. Une génération ne saurait engager la génération qui suit.

Je ferai remarquer aux légitimistes et aux orléanistes que si cette objection vaut contre l'Empire, qui a été élu et consacré par 8 millions d'électeurs et de votants, elle se retourne contre eux bien plus puissante, puisque Hugues Capet fut élu par 900 barons seulement et Louis-Philippe par 221 députés. Si 8 millions d'électeurs ne peuvent pas déléguer un pouvoir héréditaire, comment admettre l'hérédité du comte de Chambord ou des princes d'Orléans? Légitimistes et orléanistes oublient trop que l'élection est leur origine comme celle des Napoléons, et qu'en contestant l'hérédité à l'Empire, ils la contestent à leurs rois.

Cette affirmation qu'une génération ne peut lier l'avenir, aboutit à la révolution permanente, à la révocabilité constante du chef de l'Etat. Elle ne comporte pas une réfutation sérieuse. Si un peuple peut déléguer la souveraineté pour cinq ans, pour sept ans, pourquoi ne la déclarerait-il pas héréditaire? Le correctif et la garantie du peuple contre la perpétuité d'une dynastie ne sont-ils pas dans la puissance de l'opinion et dans le suffrage universel. Les dynasties naissent du consentement national et elles en vivent. Elles meurent quand il leur manque.

L'excellence de votre doctrine, Monsieur le Rédacteur, réside surtout dans son côté pratique — l'Appel au peuple. Mais, on refuse au suffrage universel toute aptitude à choisir un gouvernement. On admet sa capacité à discerner et à choisir un député, chevau-léger de l'extrême droite, de la droite, du centre, du centre libéral, du groupe Lavergne, du centre-gauche-droite, du centre gauche-gauche, de l'union-républicaine, de la gauche républicaine, de la gauche radicale, de la gauche socialiste et on lui conteste toute habileté à se prononcer sur la forme du gouvernement. Sa vue saisirait les nuances et serait réfractaire aux couleurs!

Si le peuple a une notion claire, un sentiment exact, c'est bien sur la forme du gouvernement. Il saisit à merveille ces grandes synthèses politiques qui s'appellent la Royauté, l'Empire, la République. Qu'on le consulte et rien ne saurait égarer son intérêt ni sa volonté.

Mais, dira-t-on, l'Empire est disparu ; il est tombé sous le poids de ses fautes. Si c'est sa chute qu'on lui oppose, la même barrière se dresse devant la légitimité deux fois bannie, et devant la branche d'Orléans exclue du trône en 1848, et devant la République répudiée deux fois après ses désordres, ses excès et ses impuissances.

Sont-ce ses fautes qui doivent lui fermer l'accès du pouvoir ? Apparemment la Restauration, le gouvernement de Juillet et les Républiques en avaient commis. Si on ne l'admettait pas, comment justifier les révolutions qui ont amené cette succession de gouvernements ? Tous les gouvernements sont tombés;

tous ont été faillibles et ont failli. La théorie du succès nécessaire et permanent et de l'infaillibilité gouvernementale, outre qu'elle serait peu morale, est insensée et conduirait à cette conséquence que la France ne peut plus être gouvernée.

L'Empire, comme toutes les puissances de ce monde, a eu son apogée et son déclin. Jusqu'en 1860, il fut la gloire à l'extérieur, la sécurité et le repos à l'intérieur. A cette date, l'Europe, jalouse de sa grandeur, sema partout les piéges et les obstacles. A l'intérieur, l'esprit de parti, secondant, sans en avoir peut-être la conscience, les ombrages de l'étranger, se fit l'allié de nos voisins ; il ébranla dans son principe, par des revendications libérales plus on moins sincères, l'institution impériale, pour aboutir à la situation de 1870 et à la guerre.

La guerre reste le dernier grief de nos adversaires. Sur ce point, Monsieur le Rédacteur, quelle doit être votre tâche ?

Vous n'avez pas à répondre aux calomnies, aux outrages, aux injures qui sont les armes familières à la plnpart de nos adversaires.

L'histoire et la vérité à la main, vous n'avez qu'à montrer que le choc entre la Prusse et la France était inévitable et fatal, et à répartir les responsabilités de la défaite.

La déclaration de guerre? Elle était dans le sentiment unanime français; et le ministre des affaires étrangères acceptant le défi de la Prusse était l'organe de tous. Remettez sous les yeux de vos lecteurs les journaux de 1870.

L'insuffisance des armements? Rappelez à tous l'Empereur adjurant les Chambres par la voix du Maréchal Niel d'organiser nos forces militaires et nos représentants refusant tout concours et tout subside, sous la pression de l'esprit public, faussé par les théories et les prédications de l'opposition contre les armées permanentes.

La conduite des opérations militaires? Elle

fut laissée à nos plus illustres capitaines et le duc de Magenta en revendique loyalement la responsabilité.

Et à votre tour, Monsieur le Rédacteur, prenant l'offensive, sommez vos adversaires de justifier le 4 Septembre, de justifier cette émeute impie, dès longtemps préméditée, spéculant sur nos désastres, oubliant la patrie pour le Pouvoir, se faisant la complice de l'Allemagne, renversant l'Empire pour sa défaite à Sedan et nous conduisant à la capitulation de Metz et de Paris, à l'envahissement du Pays jusqu'à la Loire, à une rançon de cinq milliards, à des dépenses de cinq milliards et à une aggravation de six milliards de la dette publique à la charge de l'insurrection. Non, non; il ne faut pas honorer le 4 Septembre du nom de Révolution. Cette journée a été justement qualifiée par un éminent publiciste et avant lui par la conscience publique; elle fut une trahison nationale, un crime.

Les héros de cette journée impie furent les alliés de la Prusse et, plus qu'elle, ils ont vaincu leur patrie.

J'arrive, Monsieur le Rédacteur, à l'attitude que vous devez prendre dans les élections. Ce sera la conclusion logique et naturelle de ma discussion.

La République ne peut qu'être funeste à la France. La Monarchie légitime ou orléaniste, envisagées comme une hypothèse, est peu conforme au droit moderne ; l'Empire par son principe me paraît seul compatible avec le suffrage universel.

Mais toutes ces formes de gouvernement, sous peine *de ne pas être* ou *de n'être* que des accidents passagers, ont une nécessité commune ; celle de s'adresser à la *Souveraineté nationale* et à l'*Appel au Peuple.*

Donc tout candidat, d'où qu'il vienne, qui arborera cette formule, sera *votre candidat et vous lui devrez le concours de votre action, de votre influence et de votre publicité.*

Si, dans une circonscription, *aucun candidat* ne porte le *drapeau de l'Appel au peuple,* vous adopterez et patronerez celui qui s'en rapprochera le plus et toujours le candidat que vous saurez le plus ferme et le plus *conservateur*.

A défaut d'un candidat de l'*Appel au peuple* ou d'un candidat qui vous offre assez de garanties *conservatrices* par son caractère, vous vous *abstiendrez* et assisterez impassible à la lutte.

Les questions de personne ne devant en aucun cas vous préoccuper, vous ne verrez dans le candidat que sa profession de foi et son drapeau.

Mais vous tiendrez pour *nulle* et pour *ennemie de tous* la *candidature qui se produirait dans le silence.*

Vous resterez ainsi ce que vous devez toujours être, *conservateur avant tout* ; *impéria-*

liste par votre *foi* et votre *espérance ; solutionniste par l'Appel au peuple*.

Je ne m'étendrai pas sur votre dernière question ; celle relative à la forme du journal, à sa tonalité. Vous n'avez pas besoin de conseils.

La modération et la courtoisie doivent être votre règle invariable. Si vous rencontrez l'outrage sur votre route, passez à côté sans vous détourner.

Laissez à d'autres journaux le facile et triste privilége de l'insulte. Ne cherchez pas le succès dans la violence, n'intéressez pas la passion ou la malignité publique. Adressez-vous toujours à la raison, à l'honnêteté, au patriotisme. Dans cette voie vous trouverez très probablement ce qui vaut mieux que la vogue et la faveur d'un jour ; vous aurez l'estime des esprits sages, la sympathie des cœurs droits et vous conserverez ce bien le plus précieux de tous, la conscience du devoir du publiciste, qui est un véritable sacerdoce, religieusement accompli.

Veuillez agréer, Monsieur le Rédacteur, l'expression de mes sentiments très distingués.

PRAX-PARIS,

Député du Tarn-et-Garonne, Conseiller général.

Montauban, janvier 1876.

AGEN — IMPRIMERIE DE P. NOUBEL.

www.ingramcontent.com/pod-product-compliance
Ingram Content Group UK Ltd.
Pitfield, Milton Keynes, MK11 3LW, UK
UKHW032026260826
14628UKWH00006B/2761

9 782011 772374